BEI GRIN MACHT SIC
WISSEN BEZAHLT

- Wir veröffentlichen Ihre Hausarbeit,
  Bachelor- und Masterarbeit

- Ihr eigenes eBook und Buch -
  weltweit in allen wichtigen Shops

- Verdienen Sie an jedem Verkauf

Jetzt bei www.GRIN.com hochladen
und kostenlos publizieren

Felix Jann

Spiel- und Materialangebote zur Wahrnehmungsförderung für Kinder

„Warum ist eine adäquate Schulung der sinnlichen Wahrnehmung ausgesprochen wichtig für Kinder?"

GRIN Verlag

Bibliografische Information der Deutschen Nationalbibliothek:

Die Deutsche Bibliothek verzeichnet diese Publikation in der Deutschen National-
bibliografie; detaillierte bibliografische Daten sind im Internet über http://dnb.d-
nb.de/ abrufbar.

Impressum:

Copyright © 2010 GRIN Verlag GmbH
Druck und Bindung: Books on Demand GmbH, Norderstedt Germany
ISBN: 978-3-656-22712-0

Dieses Buch bei GRIN:

http://www.grin.com/de/e-book/196367/spiel-und-materialangebote-zur-wahrneh-
mungsfoerderung-fuer-kinder

GRIN - Your knowledge has value

Der GRIN Verlag publiziert seit 1998 wissenschaftliche Arbeiten von Studenten, Hochschullehrern und anderen Akademikern als eBook und gedrucktes Buch. Die Verlagswebsite www.grin.com ist die ideale Plattform zur Veröffentlichung von Hausarbeiten, Abschlussarbeiten, wissenschaftlichen Aufsätzen, Dissertationen und Fachbüchern.

Besuchen Sie uns im Internet:

http://www.grin.com/

http://www.facebook.com/grincom

http://www.twitter.com/grin_com

Inhaltsverzeichnis

1 Einleitung

In der vorliegenden Arbeit möchte ich mich folgendem Thema zuwenden: Spiel- und Materialangebote zur Wahrnehmungsförderung für Kinder. In diesem Kontext gehe ich der Fragestellung nach: „Warum ist eine adäquate Schulung der sinnlichen Wahrnehmung ausgesprochen wichtig für Kinder?"

Die Motivation meine Hausarbeit der Wahrnehmungsförderung zu widmen, entstand aus meiner bisherigen praktischen Erfahrung mit Kindern. Ich bin seit über sieben Jahren in einem Kinderheim tätig. Dort leben Kinder im Alter zwischen fünf und dreizehn Jahren, die unterschiedliche Behinderungen aufweisen. Auf die einzelnen Behinderungen möchte ich in dieser Arbeit nicht näher eingehen. Das Eingehen auf die Behinderungen und den damit verbundenen Wahrnehmungsstörungen würde den Rahmen dieser Hausarbeit überschreiten. Vielmehr möchte ich mich in dieser Arbeit mit den allgemeinen Grundlagen der menschlichen Wahrnehmung auseinandersetzten und erarbeiten, um mir ein gezieltes Wissen zur Förderung der Wahrnehmungsfähigkeit von Kindern anzueignen, welches ich dann in meine Arbeit mit Kindern übertragen kann.

Die große Bedeutung der sinnlichen Wahrnehmung, der Pflege der Sinne für die Persönlichkeitsentwicklung ist immer wieder und schon seit dem 16. Jahrhundert von vielen Pädagogen und Denkern u.a. Comenius, Rousseau, Steiner und vielen mehr betont wurden. In den letzten Jahren ist jedoch von einem Schwund der Sinneswahrnehmung, von einseitiger Beanspruchung und Reizüberflutung die Rede. (vgl. Wilken 2001, S. 14)

Die vorliegende Arbeit nähert sich dem immer noch aktuellem Thema der sinnlichen Wahrnehmung, indem sie zunächst eine Definition zur Wahrnehmung anführt, dann die klassischen fünf Sinnesorgane beschreibt und anschließend praktische Spielangebote zur Wahrnehmungsförderung für Kinder aufzeigt.

Es sei darauf hingewiesen, dass in dieser Arbeit vorwiegend die männliche Schriftform verwendet wird, da die deutsche Sprache nicht über geschlechtsneutrale Begriffe verfügt. Es sei aber betont, dass damit keine Wertung verbunden ist und sich die weibliche Leserin mit meinend angesprochen fühlen darf.

2 Definition von Wahrnehmung

Unter dem Begriff der Wahrnehmung ist in der einschlägigen Literatur u.a. die Definition von Renate Zimmer (vgl. 1995, S. 15) zu finden, die die sinnliche Wahrnehmung als einen aktiven Prozess beschreibt, bei dem sich das Kind mit allen Sinnen seine Umwelt zuwendet und sich mit ihren Gegebenheiten auseinandersetzt. Das Kind nimmt sozusagen Informationen über seine Sinne von seiner äußeren Umwelt auf und verarbeitet bzw. reagiert mit seiner inneren Wahrnehmung, z.B. durch Erfahrungen und Emotionen auf diese.

Die Sinne sind quasi unser Fenster zur Umwelt. Durch die Sinne nehmen wir Kontakt mit der Umwelt auf und über die Sinne lassen wir die Umwelt in uns hinein. In diesem Zusammenhang ist zu berücksichtigen, dass durch die Wahrnehmung eine subjektive Vorstellung von der Umwelt entsteht, die abhängig ist von den eigenen Vorerfahrungen, Eindrücken und Erlebnissen. Gewöhnlich folgen der Wahrnehmung Reaktionen in der Motorik oder im Verhalten des Menschen. (vgl. Zimmer 1995, S. 31)

> *Der Prozess der Wahrnehmung umfasst einen objektiven Teil – die Aufnahme und Verarbeitung eines Reizes über die Sinnesorgane und die Rezeptoren[1] bis zur Weiterleitung ans Gehirn – und einen subjektiven Teil - die Verarbeitung der Sinneseindrücke zu Empfindungen und individuell verschieden bewerteten Wahrnehmungen (ebd.).*

Die sinnliche Wahrnehmung ist demnach ein Prozess, in dem das Gehirn versucht einströmende Reize zu sortieren und mit vorhandenen Informationen zu vergleichen und angemessene Reaktionen zu veranlassen.

In diesem Kontext sei kurz darauf hingewiesen, dass es auch zu Störungen im Wahrnehmungsprozess kommen kann. Oftmals haben nicht nur Kinder mit Behinderung eine Beeinträchtigung ihrer ganz persönlichen Wahrnehmungsfähigkeit. Dann sind nicht die Sinnesorgane, auf die in Kapitel 3 näher eingegangen wird, gestört, sondern die Aufnahme und Verarbeitung der Reize. Wenn die Reize nicht richtig aufgenommen werden, bleibt die Welt der Kinder begrenzt und der Wahrnehmungsradius ist eingeschränkt. Die Kinder sind dann häufig nur halb informiert. Sie verstehen ein-

---

[1] Rezeptor: Empfangsorgan in der Haut zur Aufnahme von Reizen (vgl. Duden 1991, S. 364)

fach nicht, was mit ihnen und um sie herum passiert. (vgl. Ellneby 1998, S. 7) Diese Wahrnehmungsproblematik, gilt es in der täglichen Arbeit mit Kindern zu berücksichtigen. Um subjektive Erfahrung möglich werden zu lassen, ist es unabdingbar, Kindern einen adäquaten Lebensraum zu ermöglichen, indem sie ihre Erfahrungen mit all ihren Sinnen machen können.

3 Die Sinnesorgane als Grundlage der Wahrnehmung

Als die klassischen fünf sichtbaren Sinne wurden schon von Aristoteles das Sehen, Hören, Tasten, Riechen und Schmecken unterschieden (vgl. Zimmer 1995, S. 52). Die Zahl der Sinne würde dreimal höher ausfallen, wenn sie noch mehr spezifiziert würden (vgl. Thiesen 2001, S.13). Unsere Sinneseindrücke sind allein schon durch die Anzahl und die Konstruktion unserer fünf Sinne begrenzt (vgl. Plaehn 2010, S. 2). In der vorliegenden Arbeit möchte ich mich auf die Ausführung der klassischen fünf Sinne beschränken. Auf die kinästhetische Wahrnehmung, welches für unser Bewegungsempfinden und der Tiefensensibilität verantwortlich ist und auf die vestibuläre Wahrnehmung, welches für die Gleichgewichtsregulation verantwortlich ist, soll nicht näher eingegangen werden. Das Eingehen auf diese würde den Rahmen meiner Hausarbeit überschreiten.

Die Sinnesorgane können durch willkürliche Lenkung der Aufmerksamkeit bewusst gesteuert werden. So kann man sich bewusst darauf einstellen, etwas zu hören oder zu sehen, riechen, schmecken oder ertasten zu wollen. Außerdem ist es möglich, dass die Sinne unbewusst reagieren, wenn ein unerwarteter Reiz eintritt (vgl. Thiesen 2001, S.13). Durch die bewusst gesteuerte Lenkung der Aufmerksamkeit lässt sich schließen, dass wir in der Lage sind, unsere Sinne durch adäquate Ausführung und Anleitung zu schulen. Im Laufe unseres Lebens lernen wir, unsere Sinnesorgane immer sicherer zu gebrauchen, indem wir sie z.B. miteinander in Beziehung setzen und die Ergebnisse bewusster verarbeiten.

Der Regen kann sowohl durch unser Gehör als auch mit dem Auge wahrgenommen werden. So wird beispielsweise das typische Geräusch eines fallenden Regentropfens erst richtig eindeutig, wenn wir die eigenartige Lichtverfärbung zusätzlich mit dem

Auge wahrnehmen, die durch die Wolkenbildung entsteht. Hier sind demnach zwei Sinnesorgane bei der Wahrnehmung derselben Erscheinung beteiligt. Schalten wir ein oder mehren Sinnesorgane aus, wird die Wahrnehmung sofort unsicherer. (vgl. Thiesen 2001, S 14) Hier fällt mir in diesem Zusammenhang z.b. das Geräusche-raten mit Kindern ein. Hier wird die Deutung erschwert, da wir normalerweise Geräusche mit bestimmten Bildern assoziieren. Im Gegensatz zum Neugeborenen, dessen Welt eine reine Wahrnehmungswelt ist, verfügen wir als Kinder oder später als Erwachsene neben einer Wahrnehmungswelt des Augenblicks auch über die Möglichkeit des Gedächtnisses und des Wissens (vgl. ebd.). Diese Tatsache begründet auch die Funktionsweise unseres Gehirns beim Lesen oder Hören von Märchen, dort verbinden wir den Inhalt der Geschichten mit bestimmten Bildern aus unserem Gedächtnisrepertoire. Kinder können sich so in eine andere Welt versetzten mit all ihren Sinnen, die sie sonst niemals real wahrnehmen würden.

In folgendem Kapitel werden die klassischen fünf Sinnesorgane vorgestellt.

3.1 Die taktile Wahrnehmung

Das Organ für die taktile Wahrnehmung ist die Haut, sie ist das größte sensorische Organ. Das taktile System umschließt den ganzen Körper mit seiner Hautoberfläche, welche auch die erste räumliche Abgrenzung zwischen uns und der Umwelt darstellt. Durch Tasten und Berühren über die Sinnesorgane Hand, Haut und Mund vermittelt uns die taktile Wahrnehmung Informationen über unsere Umwelt. Durch verschiedene Rezeptoren werden Reize aufgenommen. Über sie erfahren wir von der Form, Konsistenz, Oberflächenbeschaffenheit und der Temperatur der jeweiligen Objekte. (vgl. Blucha; Schuler 2008, S. 38) Die Anzahl der Rezeptoren bestimmt die Intensität der taktilen Wahrnehmungsfähigkeit, so ist die Empfindlichkeit an den Füßen und Händen am stärksten, während sie auf dem Rücken am geringsten ist (vgl. Zimmer 1995, S. 22). Der Hautsinn arbeitet eng zusammen mit dem Muskelsinn und Gleichgewichtssinn. Diese Vernetzung ist die Grundlage für die Entwicklung des Hörsinns, Sehsinns und Geschmackssinns und Riechsinns (vgl. Blucha; Schuler 2008, S. 38).

3.2 Die auditive Wahrnehmung

Auditive Wahrnehmung setzt die Fähigkeit voraus, akustische Reize zu verarbeiten, zueinander in Beziehung zu setzen und mit vorausgegangener Hörerfahrung zusammenzubringen (vgl. Ellneby 1998, S. 103) Das Ohr gilt als das komplizierteste Sinnesorgan. Vereinfacht dargestellt treffen akustische Reize wie Töne, Klänge und Geräusche in Form von Schallwellen auf das Außenohr und werden durch den Gehörgang zum Trommelfell geleitet, das dann zu schwingen beginnt. Diese Schwingung wird durch den Knochen des Mittelohrs verstärkt. Im Innenohr wandeln sich die Schallwellen in elektrische Nervensignale um, die anschließend zum Gehirn gesendet werden. (vgl. Thiesen 2001, S. 17) Hören ist demnach das Wahrnehmen von Schall.

Das auditive System hat eine grundlegende Funktion für die menschliche Kommunikation. Es ist die Voraussetzung für die Entwicklung der Sprache. Außerdem können durch das Gehör die Entfernung und die Richtung von Reizen, d. h. von Schallquellen wahrgenommen werden. So wissen wir beispielsweise, ob ein Mensch, der mit uns spricht, weit von uns entfernt ist oder neben uns steht. (Zimmer 1995, S. 83) Das Richtungshören z.b. das Hören von Autos ist zunächst noch eingeschränkt und reift erst im Alter von acht bis zehn Jahren (vgl. Blucha; Schuler 2008, S. 78).

3.3 Die visuelle Wahrnehmung

Über 75 Prozent von dem, was wir von unserer Umwelt wahrnehmen, verdanken wir unseren Augen (vgl. Thiesen 2001, S. 15). Die Aufnahme optischer Eindrücke erfolgt über die Augen. Die Interpretation des visuellen Reizes, der in der Form von Lichtwellen auf de Netzhaut des Auges trifft, erfolgt jedoch nicht durch das Auge, sondern durch das Gehirn. Die optische Information wird über den Sehnerv zum Sehzentrum in das Großhirn weiter geleitet und dort verarbeitet. (vgl. Ayres 1984, S. 43.) Erst durch die Verarbeitung des gesehenen Bildes mit unseren Erfahrungen und Erlebnissen bekommt das gesehene Bild erst eine Bedeutung (vgl. Blucha; Schuler 2008, S. 114).

Bereits einfache Dinge des täglichen Lebens, wie beispielsweise das Einschenken eines Getränkes in ein Glas oder das Lesen eines Buches, lassen sich ohne Sehsinn nur mit viel Übung oder speziellen Hilfsmitteln (wie der Blindenschrift) bewältigen. Unzählige Eindrücke und Informationen werden ständig in Form von Licht von unseren beiden Augen eingefangen, damit sind unsere Augen ein gar wichtiges Sinnesorgan. (vgl. Thieses 2001, S. 15)

3.4 Die gustatorische Wahrnehmung

Auf der Zunge und in der gesamten Mundhöhle befinden sich die Rezeptoren des Geschmacksinnes, die sogenannten Geschmacksknospen. Sie nehmen wasserlösliche Stoffe wahr, so dass feste Nahrung durch Kauen oder Lutschen zunächst mit Hilfe von Speichel gelöst werden muss. Über die Geschmacksnerven, die über die einzelnen Anteile der Zunge verteilt sind, gelangen die geschmacklichen Reize zum Gehirn. Dort können die vier verschiedenen Geschmacksrichtungen süß, sauer, salzig und bitter wahrgenommen und aus deren Mischungen weitere Empfindungen kombiniert werden. (vgl. Zimmer 1995, S. 142) Geruchs- und Geschmackssinn haben eine sehr enge Bindung zueinander. Erst durch den Geschmackssinn können wir Nahrung genießen und ähnlich aussehende Nahrungsmittel voneinander unterscheiden (vgl. ebd.).

3.5 Die olfaktorische Wahrnehmung

Im oberen Nasengang befinden sich die mit Riechschleimhaut ausgekleideten Riechspalten. In diesem Riechfeld werden die Riechhärchen der Millionen geruchsempfindlichen Sinneszellen durch Riechstoffe erregt. Von dort wird der Geruchsreiz über die Riechbahnen zum Gehirn geleitet und dort verarbeitet. (vgl. Thiesen 2008, S. 20) Da zwischen der Riechbahn und dem limbischen System eine Verbindung besteht, besitzen Geruchserfahrungen eine hohe emotionale Komponente. Mit einem bestimmten Geruch verbundene Erlebnisse werden besonders lange und Tief erinnert. Geruch und Geschmack gehören, wie bereits erwähnt, zusammen. Das Riechen und Schmecken zusammengehören, lässt sich auch daran erkennen, dass bei einer Erkältung oder dem Zuhalten der Nase wenig geschmeckt wird. (vgl. Zimmer 1995, S. 138). Vieles von dem, was wir schmecken, nehmen wir in Wirklichkeit mit der Nase wahr. Ein Mensch kann ca. 4000 verschiedene Düfte unterscheiden (vgl. ebd.).

4 Einen Apfel wahrnehmen mit fünf Sinnen

Das folgende Beispiel soll verdeutlichen, was alles geschieht, wenn man in einen Apfel beißt. Natürlich laufen diese Prozesse nicht nacheinander ab. In der Realität ist der Wahrnehmungsprozess beim Biss in einen Apfel komplex miteinander verzahnt.

Taktile Wahrnehmung: Ich taste einen runden bzw. ovalen

und glatten Gegenstand, der keinem

Druck nachgibt.

Auditive Wahrnehmung: Ich höre ein knackendes Geräusch

beim Aufschneiden der Schale und

dem Durchtrennen der Schnitze.

Visuelle Wahrnehmung: Ich sehe einen runden bzw. ovalen

Apfel in verschiedenen Farbnuancen.

Gustatorische Wahrnehmung: Ich habe einen süßen oder auch

säuerlichen Geschmack im Mund.

Olfaktorische Wahrnehmung: Ich rieche einen fruchtigen Duft.

(Vgl. Blucha; Schuler 2008, S. 11)

5 Spiel- und Materialangebote zur Förderung der Wahrnehmung

In diesem Kapitel möchte ich durch praktische Spiel- und Materialangebote Wege aufzeigen, wie man Kinder bei ihrer sinnlichen Wahrnehmung fördern kann.

Damit Kinder etwas lernen, müssen sie es auch begreifen, d.h. z.b. etwas anfassen und mit allen Sinnen erkunden. Der folgende Satz von Konfuzius soll diesen sehr wichtigen Punkt bei der Förderung von Kindern verdeutlichen:

> *Erzähle mir und ich vergesse.*
> *Zeige mit und ich erinnere.*
> *Lass es mich tun und ich verstehe.*

(Krenz 2005, S. 105).

Bestle-Körfer und Stollenwerk (vgl. 2009, S. 12) geben eine ähnliche These ab. Sie sagen, nur sinnlich selbst Erlebtes verarbeitet das Gehirn zu einer Erfahrung mit Sinn und Verstand. Kinder müssen demnach selbst aktiv tätig werden, um Erfahrungen insbesondere für die Sinne zu sammeln.

5.1 Taktile Wahrnehmungsförderung

Der Tastsinn ist immer dann am feinfühligsten, wenn wir unser Sehorgan ausschalten (vgl. Zimmer 1995, S. 107). Diese Tatsache verdeutlicht auch, warum Kinder von sich aus die Augen schließen, wenn sie gestreichelt werden. Sie können sich so ganz auf die taktile Wahrnehmung konzentrieren, ohne durch das Auge abgelenkt zu sein.

Das Bohnenbad:

In eine Wanne aus Kunststoff werden viele Bohnen geschüttet. Durch diese können die Kinder sich berieseln lassen, über den Körper rollen oder einfach nur drin wühlen, auch mit Unterstürzung diverser Spielsachen.

9

Spiele mit dem Material wie Bohnen üben den Tastsinn. Zu spüren, wie sich etwas anfühlt, ist von großer Bedeutung für die Entwicklung der Handmotorik der Kinder. Ein differenzierter Tastsinn ist die Voraussetzung, um mit den Händen Arbeiten zu können (vgl. Ellneby 1998, S. 72). Auch eignet sich das Bohnenbad sehr schön als Erlebnisbad, in denen die Kinder durchaus auch nackt, sich hineinlegen dürfen und am Besten bei geschlossenen Augen die Bohnen mit ihrem ganzen Hautsinn erkunden. Die Bohnen haben die Eigenschaft, dass sie sich an die Haut anschmiegen und zum Teil die Körperwärme aufnehmen, sodass sie von den Kindern als ein warmes Material empfunden werden. Es besteht jedoch auch die Gefahr, dass manche Kinder die Bohnen oral ertasten wollen und sie sich hierbei verschlucken könnten.

Kinder erfahren durch die taktile Wahrnehmung, dass sie mit ihrer Hand, Mund, Haut oder Fuß in der Lage sind, taktil Dinge wahrzunehmen bzw. zu begreifen. Folgendes Übungsziel sollte bei diesem Prozess berücksichtigt werden.

– Erleben und Beschreiben unterschiedlicher Berührungsempfindungen.

– Erkennen und Benennen von Formen und Oberflächen.

– Spüren und Empfinden verschiedener Temperaturen.

– Sich unter Ausschluss anderer Sinnesorgane zu orientieren.

(vgl. Thiesen 1998, S. 109)

5.2 Auditive Wahrnehmungsförderung

Mithilfe des Hörsinns können wir in die Welt der Töne, Klänge und Laute abtauchen. Wie in Kapitel 3.2 bereits erwähnt, ist die Schulung der Hörfähigkeit eine wesentliche Voraussetzung fürs Sprechen. Um die Hörfähigkeit zu schulen, eignen sich Instrumente wie Trommel, Tamburin, Klanghölzer oder Rasseln. Viele Musikinstrumente lassen sich ganz einfach von Hand produzieren, wie z.b. die Trommel auf dem nachstehenden Foto. Um einen handelsüblichen Eimer (Baustelleneimer) wird Papier in mehreren Schichten mit Kleister aufgetragen bzw. ummantel und anschließend der Boden mit einer kleinen Öffnung versehen. Sind die Instrumente selbst hergestellt, werden sie sicher noch selbstverständlicher von den Nutzern verwendet und es motiviert, immer wieder mit der Trommel Musik zu erzeugen.

Das Trommelspiel:

Das Hören bzw. das Richtungshören, siehe auch Kapitel 3.2, kann durch folgendes Spiel gefördert werden. Die Kinder stehen in einer Reihe und haben die Augen verbunden oder geschlossen. Es kommt immer wieder vor, das es Kinder gibt, die Angst vor verbundenen Augen haben, für diese ist die Möglichkeit des bloßen Schließens angebrachter. Nachdem sie Kinder die Augen verschlossen haben, bewegt sich der Spielleiter leise durch den Raum und produziert einen Ton mit einer Trommel. Alle sollen dann in die entsprechende Richtung zeigen oder alternativ in die Richtung gehen.

Auditive Wahrnehmungsspiele wirken besonders motivierend auf Kinder. Nicht zuletzt, weil das Ausmaß der akustischen Beeinflussung durch die akustische Umwelt in den letzten Jahren um ein Vielfaches angestiegen ist (vgl. Thiesen 2001, S. 81). Kinder werden tagtäglich unzähligen Lauten und Geräuschen ausgesetzt, darum sind folgende Übungsziele bei der auditiven Wahrnehmungsförderung anzustreben.

- Erkennen und Unterscheiden akustischer Reize.

- Genaues (bewusstes) Zuhören.

- Herstellen und Erproben von Geräuschen und Klangquellen.

- Räumliche Orientierung durch genaues Zuhören.

- Bewusstes Erfahren akustischer Veränderungen.

- Anregung zum spontanen Sprechen bzw. Laute erzeugen.

- Wortschatzerweiterung.

- Förderung der Fantasie und Vorstellungsfähigkeit.

(vgl. Thiesen 1998, S. 81)

.

5.3 Visuelle Wahrnehmungsförderung

Kinder leben heute mehr denn je in einer visuell geprägten Welt. Unzählige visuelle Reize stürmen auf sie ein und müssen von ihnen verarbeitet werden. Eine Verinnerlichung der einströmenden Reize gelingt nur, wenn Kindern genügend Zeit gelassen wird, sich mit wahrgenommenen optischen Phänomenen auseinanderzusetzen.(vgl. Thiesen 1998, S. 47) Durch die Augen erschließt uns die Welt in all ihren Farben, Formen und Facetten. Anschauung erreichen Kinder nur durch eigene Aktivität. Anschauungsprozesse können durch Impulse von Außen z.B. von Pädagogen an die Kinder herangetragen werden. Indem sie die Kinder lehren, wohin sie ihre Aufmerksamkeit lenken sollen, um Wesentliches vom Unwesentlichem unterscheiden zu können bzw. zu lernen.

Die Konkretheit der wahrgenommenen Bilder führen das Kind vom Wahrnehmen zum Den-
ken und machen ihm wieder neu das Spannungsverhältnis von Anschaulichkeit und Ab-
straktheit, von Einmaligkeit und Allgemeingültigkeit bewusst.

(Thiesen 1998, S. 47)

Das Tablettspiel:

Auf einem Tablett liegt eine Anzahl von gemischten Gegenständen. Die Gegenstände
sind alle aus der Natur entnommen und unterscheiden sich in ihrer Verschiedenartig-
keit durch Größe, Gewicht, Form, Farbe, Oberflächenbeschaffenheit, Zweck usw.
Bei der Materialanschaffung sollte man die Kinder mit involvieren und sie bei der
Auswahl und Beschaffung beteiligen. Die Gegenstände sind alle vom Spielleiter aus-
gewählt worden und werden zunächst von ihm unter einem Tuch versteckt. Auf ein
Zeichen hin wird das Tuch entfernt und die Kinder haben ein paar Minuten lang Zeit,
sich die Dinge einzuprägen bzw. zu betrachten. Anschließend werden sie wieder zu-
gedeckt. Jetzt muss jedes Kind eine möglichst große Anzahl der Gegenstände nen-
nen, die sich auf dem Tablett befinden.

Durch die Wahrnehmungsspiele bzw. durch die Förderangebote soll den Kindern bewusst gemacht werden, dass ihre Augen ganz besondere Fähigkeiten besitzen. Sie nehmen wie im Beispiel des Tablettspiels Gegenstände in ihrer äußeren Gestalt wahr, und geben darüber Informationen über Lage, Form und Bewegung ab und können diese z.b. nach Farben, Größen und Helligkeit differenzieren (vgl. Thiesen 1998, S. 47). Die visuelle Wahrnehmungsförderung beinhaltet folgende Übungsziele.

- Genaues Beobachten.

- Zunehmende Differenzierungsfähigkeit.

- Anschauung als Wahrnehmung (ein Apfel kann gesehen, aber auch gefühlt, gerochen und geschmeckt werden).

- Anschauung als Vorstellung (innere Reproduktion wahrgenommener Gegenstände).

- Konzentrationsförderung.

- Förderung des Reflexionsvermögens und der Interpretationsfähigkeit.

- Verbesserung der Merkfähigkeit.

- Ansprechen von Spiel- und Experimentierfreude.

(vgl. Thiesen 1998, S. 81)

5.4 Gustatorische Wahrnehmungsförderung

Jedes Kind hat bereits einmal angenehme und unangenehme Erfahrungen mit seiner Zunge und dem Geschmackssinn gemacht. Durch den Geschmackssinn sind wir in der Lage, eine Reihe von Geschmacksrichtungen zu unterscheiden, wobei es jedoch unmöglich ist, jeden Geschmackstyp einer bestimmten Klasse von Geschmacksrezeptoren zuzuordnen (vgl. Thiesen 1998, S. 102). Wie bereit in Kapitel 3.4 benannt,

14

gibt es vier primäre Geschmacksrichtungen: süß, salzig, sauer und bitter. Erst durch den Geschmackssinn können wir Nahrung genießen, ähnlich aussehende Nahrungsmittel voneinander unterscheiden (vgl. Zimmer 1995, S. 142).

Mit dem Geschmackssinn zu experimentieren, ist gerade bei Kindern oft mit Schwierigkeiten verbunden. Manche Kinder weigern sich, Unbekanntes zu probieren und Dinge, die nicht in ihrer Geschmacksrichtung zu liegen scheinen, zu essen. Bei einer Sensibilisierung kann es auch nicht darum gehen, möglichst viele Dinge zu essen und dabei zu identifizieren, sondern vielmehr die eigenen Geschmacksnerven auf ihre Differenzierung hin zu testen. (vgl. Zimmer 1995, S. 145)

Schmeckspiel mit Obst und Gemüse:

Bei folgendem Spiel sollen Kinder aus einem Angebot von unterschiedlichen Obst- und Gemüsesorten ihre Geschmacksnerven sensibilisieren. Zuerst sollten die Kinder erst mit offenen Augen prüfen, was süß, sauer, salzig oder bitter schmeckt. Danach schließen die Kinder ihre Augen und lassen sich eine kleine Kostprobe in den Mund stecken. Es geht dann um die Frage, wer kann angeben, was er probiert hat?

Die wesentlichen Übungsziele der gustatorischen Wahrnehmungsförderung sind nachfolgende.

- Erkennen und bewusstes Erleben, was die Zunge alles kann.

- Geschmacksintensität von Nahrungsmitteln bewusst erleben.

(süß, sauer, salzig oder bitter)

- Verbalisierung der erlebten Sinneseindrücke.

- Förderung und Fantasie und Vorstellungsvermögen.

(vgl. Thiesen 1998, S. 102)

5.5 Olfaktorische Wahrnehmungsförderung

Riechen und Schmecken stehen, wie in Kapitel 3.4 bereits erwähnt, in enger Verbindung zueinander. Jedoch ist die Sensibilität der Geruchsrezeptoren höher als die der Geschmacksrezeptoren. Das Kind weiß, dass es durch sein Sinnesorgan Nase verschiedene Gerüche, wie z.b. faulig, blumig, brenzlig oder würzig, aufnehmen kann. Der Geruch von Stallmist kann vom Kind als Gestank oder der des Parfüms mit dem Wort Duft belegt werden. (vgl. Thiesen 1998, S. 102)

Beim Riechen assoziieren wir oft eine bestimmte individuelle Erinnerung bzw. Erlebnis mit einem ganz bestimmten Geruch. Der Geruchssinn dient darüber hinaus auch als Wegorientierungssinn insbesondere für blinde Menschen hat er eine wichtige Funktion. Daneben kann uns der Geruchssinn auch als Warnfunktion für gefährliche Stoffe wie eine Vielzahl von Giften dienlich sein. (vgl. Thiesen 1998, S. 102)

Die olfaktorische Wahrnehmungsförderung bietet Kindern die Möglichkeit, mit bekannten Empfindungen umzugehen und beim Riechen unbekannter Stoffe und Flüssigkeiten neue Sinneseindrücke und Erfahrungen zu sammeln und diese voneinander zu differenzieren (vgl. ebd.)

Geruchsmemory:

In jeweils 2 Filmdöschen wird dasselbe Material gegeben. Anschließend werden Dosen verschlossen und durcheinander gestellt. Es gibt auch wie auf dem kleinen Foto ersichtlich, ein aus Holz gefertigtes Spielfeld für die Filmdosen, welches dem Spiel eine gewisse Übersicht und Struktur verschafft. Durch Löcher im Deckel müssen nun die Dosen mit selbem Inhalt wieder gefunden werden. Sinnvollerweise sollten die Dosen zuvor alle nummeriert werden, um die Nummernpaare zu notieren. (vgl. Zimmer 1995, S. 103)

Bei der Spielvorbereitung wäre es sinnvoll, die Kinder daran teilhaben zu lassen. Dieses schafft einen Anreiz zum Spielen und kann bei der Auswahl der Materialien die Fantasie beflügeln. Jedes Kind sollte von zu Hause einen Geruch mitbringen. Wie z.b. Parfüm, Knoblauch, Lavendel, Gewürze und vieles mehr.

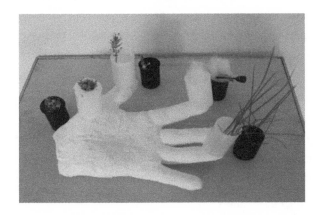

Außerdem kann am Ende des Spiels neben der Einordnung des jeweiligen Duftes auch seine ganz persönliche Erinnerung bzw. Assoziation zu dem Duft erfolgen. Nachfolgendes Übungsziel sollte bei diesem Spiel angestrebt werden.

– Erkennen und bewusstes Erleben, was das Sinnesorgan Nase alles kann.

– Aufnehmen, Unterscheiden und Benennen verschiedener Gerüche wie z.B. blumig, würzig, brenzlig und faulig.

– Förderung der Fantasie und Vorstellungskraft.

– Assoziation der Düfte mit individuellen Erinnerungen

(vgl. Thiesen 1998, S. 102)

17

6 Resümee

Ausgangsfrage dieser Hauarbeit war die Frage: „Warum ist eine adäquate Schulung der sinnlichen Wahrnehmung ausgesprochen wichtig für Kinder?"

Das Zusammenspiel der Sinne entwickeln Kinder schon in den ersten Lebensmonaten. In den weiteren Jahren können sie das Zusammenspiel jedoch weiter perfektionieren, was jedoch auch abhängig ist vom alltäglichen Gebrauch der Sinnesorgane. Jede Handlung des Kindes führt zu Erfahrungen, die die Differenziertheit seiner Wahrnehmungsfähigkeit verbessern. (vgl. Zimmer 1995, S. 47) Je intensiver unser Sinneserleben von klein auf heranwächst, desto reicher und feinsinniger werden unsere Ein- und Ausdruckmöglichkeiten. Es vergrößert außerdem unseren Erfahrungsschatz und damit unser Wissen und verstehen (vgl. Bestle-Körfer; Stollenwerk 2009, S. 10).

In unserer von audiovisuellen Medien beherrschten Zeit drohen die Sinne und das Wahrnehmungsvermögen der Kinder nach und nach zu verarmen (vgl. Thiesen 2001, S. 9). Viele Kinder lassen sich in ihrer Freizeit nur noch berieseln z.b. durch TV, PC oder Radio und laufen dadurch Gefahr, dass sie zunehmend passiv und bewegungslos bleiben. Es ist eindeutig bekannt, dass Kinder, die nicht eigenständig Handeln bzw. aktiv sind, keine Intelligenz geschweige denn ihre sinnliche Wahrnehmung entwickeln bzw. schulen können (vgl. Bestle-Körfer; Stollenwerk 2009, S. 12).

Das bedeutet in Bezug auf die Wahrnehmungsförderung, dass Kinder reichhaltige Angebote von Außen benötigen, um ihre Wahrnehmung mit allen Sinnen schulen zu können. Bei der Wahrnehmungsförderung sollten die Kinder bei der Auswahl und Durchführung der Angebote beteiligt werden, das setzt nicht nur die Fantasie frei, sondern verschafft auch eine höhere Motivation beim späteren Spielverlauf.

Durch die sinnliche Wahrnehmung, wie im Kapitel 2 bereits beschrieben, können Kinder überhaupt erst Kontakt mit ihrem Außen bzw. ihrer Umwelt aufbauen und halten. Durch die Sinne nehmen wir Kontakt mit der Umwelt auf und über die Sinne lassen wir die Umwelt in uns hinein. Daher ist eine adäquate Schulung der sinnlichen Wahrnehmung ausgesprochen wichtig für Kinder.

7 Quellenverzeichnis

AYRES, A. JEAN: Bausteine der kindlichen Entwicklung. Heidelberg: Springer-Verlag 1984.

BESTLE- KÖRFER, REGINA; STOLLENWERK, ANNEMARIE: Sinneswerkstatt Landart. Naturkunst für Kinder. Münster: Ökotopia Verlag 2009.

BLUCHA, ULRIKE; SCHULER, MEGGI: Fühlen, hören, sehen. Förderideen für Kinder mit taktilen, auditiven und visuellen Wahrnehmungsstörungen. Freiburg im Breisgau: Beltz Verlag 2008.

DUDEN: Fremdwörterbuch. 3. Aufl. Mannheim; Wien; Zürich: Dudenverlag 1991.

KRENZ, ARMIN: Was Kinder brauchen. Aktive Entwicklungsbegleitung im Kindergarten. 5. vollständig überarbeitete und aktualisierte Aufl. Weinheim und Basel: Belz Verlag 2005.

PLAEHN, KATJA: Ästhetische Bildung. Wahrnehmung mit allen Sinnen. Skript zur Lehrveranstaltung in Modul 11. Kiel: SS 2010.

THIESEN, PETER: Wahrnehmen Beobachten Experimentieren. Spielerische Sinnesförderung im Kindergarten und Grundschule. Weinheim und Basel: Beltz Verlag 2001.

YLVA, ELLNEBY: Die Entwicklung der Sinne. Wahrnehmungsförderung im Kindergarten. 2. Aufl. Freiburg im Breisgau: Lambertus-Verlag 1998.

WILKEN, HEDWIG: Voll Sinnen spielen. 3. Aufl. Münster: Ökotopia Verlag 2001.

ZIMMER, RENATE: Handbuch der Sinneswahrnehmung. Grundlagen einer ganzheitlichen Erziehung. 2. Aufl. Freiburg: Verlag Herder 1995.